JN188145

七代永治屋清左衛門名作手鑑

芸術を着るきもの

唐織と二重織

永井幸三郎

世界文化社

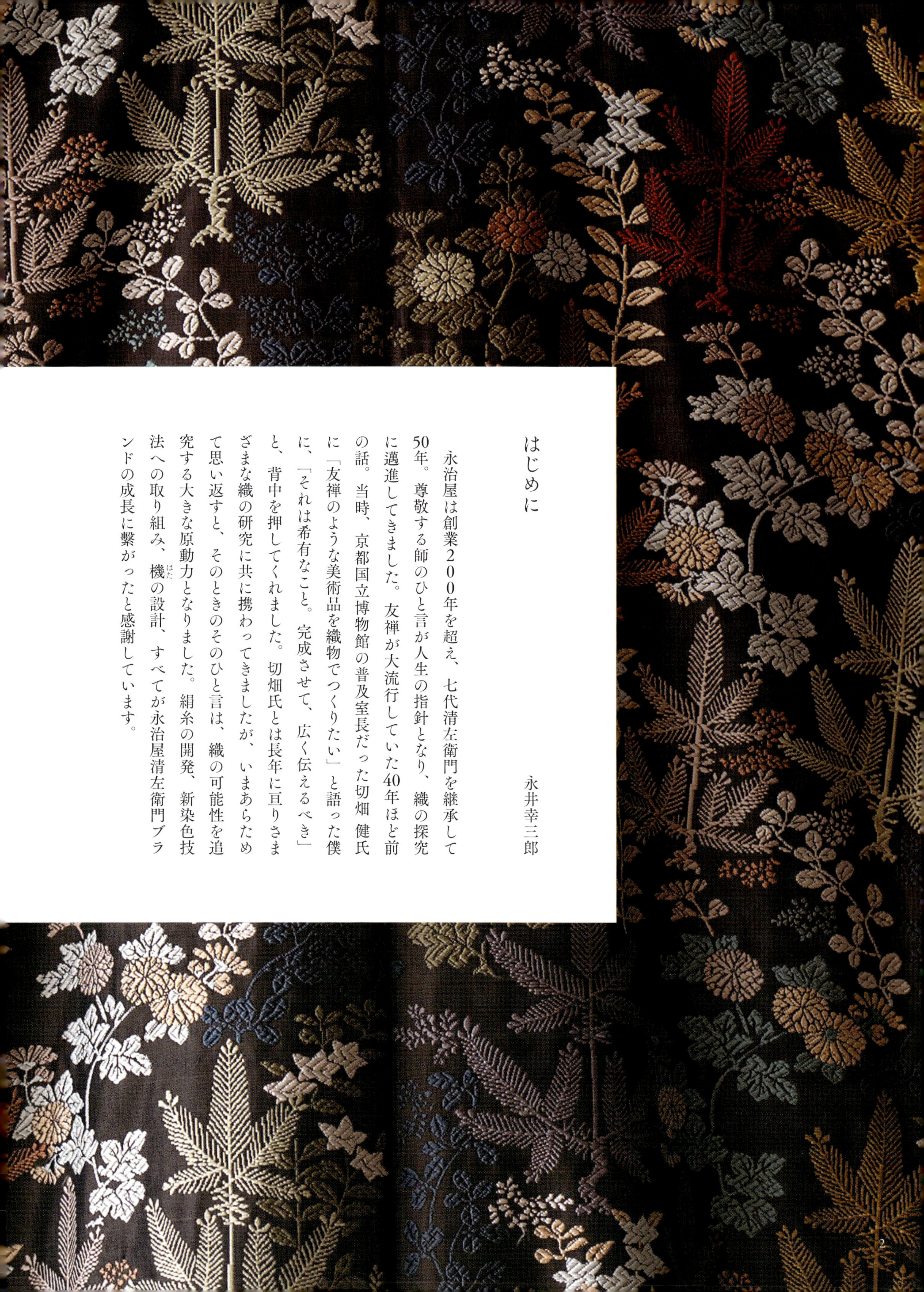

はじめに

永井幸三郎

永治屋は創業200年を超え、七代清左衛門を継承して50年。尊敬する師のひと言が人生の指針となり、織の探究に邁進してきました。友禅が大流行していた40年ほど前の話。当時、京都国立博物館の普及室長だった切畑 健氏に「友禅のような美術品を織物でつくりたい」と語った僕に、「それは希有なこと。完成させて、広く伝えるべき」と、背中を押してくれました。切畑氏とは長年に亘りさまざまな織の研究に共に携わってきましたが、いまあらためて思い返すと、そのときのそのひと言は、織の可能性を追究する大きな原動力となりました。絹糸の開発、新染色技法への取り組み、機（はた）の設計、すべてが永治屋清左衛門ブランドの成長に繋がったと感謝しています。

常々、きものの芸術的価値は「絵羽（えば）」にあると思っています。しばしば京友禅が絵画のようと表現されるのは絵羽模様であるからです。絵羽は絵画で言えばキャンバス。そう考えれば描くのはある意味容易い。しかし、織物でこれを達成するのは非常に困難です。だからこそ挑戦しようと、桃山時代の小袖をはじめ古典のきものを徹底的に研究してきました。絵羽の話は後述しますが、僕にとっては「訪問着」という単語はきものの格やTPOのことではなく、絵羽を表現する言葉。だから、絵羽のきものを着ていただく、評価していただくことが一番の喜びです。

いま、きものは「日本の文化そのものを纏うもの」という、単なるファッションの枠を超えた存在になっていると感じます。そんな中で50年の間に培った芸術性が一冊の本となることに感激しています。文化としての日本の織物を考える一助となれば幸いです。

七代永治屋清左衛門染織作品

四季連作

織技法では困難とされた総絵羽の柄取りで、四季の風景が四枚の絵のように連続する、アートとしてのきものを制作。しかも四枚とも異なる織物組織技法を用い、それぞれに唐織を施すというチャレンジングな織物になっている。京都の名跡、名勝の風景がそのまま映し出されているような作品。

春

円山桜

清左衛門に数多く存在する桜の紋図の中でも、京都の円山桜（枝垂れ桜）をモチーフにした代表作。経糸・緯糸とも総プラチナ箔糸で織り上げている。

夏

清滝

透け感のある独自の紋紗組織に唐織を施す、特殊な技術を駆使したもの。水墨画のような濃淡が、清滝の風情をより清々しく表現している。

秋

高雄紅葉

永井家に伝わる円山応瑞（円山応挙の長男）作の襖絵を参考に、総ムガシルクと唐織で描いた洛北の紅葉。原画は七代清左衛門の絵の師、志水優成作。

冬

嵯峨野笹

全面ふくれ組織の技法を用いて、嵯峨野の笹に雪が積もる風情を、立体的に織り出したもの。しんしんと漂う静寂は日本画のような趣をたたえる。

春

夏

秋

冬

CONTENTS

Chapter

1

唐織（からおり）と二重織（ふたえおり）

唐織と二重織物

芸術品として花開き、現代のきものファッションへ

文＝切畑 健（京都国立博物館名誉館員）

かねて日本の〈きもの〉について、それは〈芸術を身につけているのだ〉と考えています。日本ならではの〈美〉が完成したころの〈きもの〉は『源氏物語』や『栄花物語』などの書くところによらざるを得ませんが、その四季に合わせての〈きもの〉のすばらしさには大いに感動させられます。次にとつぜん若い時代をとりあげて恐縮ですが、遺例も多くなり実際にふれることもできる近世の小袖などは、まさに〈芸術を着る〉ことを実感させ、その伝統が今日に活きていることに、又々感動しています。

そして、いつも芸術（工芸を含めて）を考えるのに三つの視点から取り組んでいます。

1. 意匠…それを生み出す思想・美意識ともいえます
2. 技術…ここでは染織工芸の諸技
3. 素材…ここでは染織工芸の多様な素材

この三点のどれに不都合があっても〈芸術・美〉は完成しません。

古く、中国より舶載された〈唐織〉は、現代では主として能楽の女役の豪華な舞台衣装として知られています。しかし、本来〈唐織〉は特色のある織物の名でありました。それが近世以降は能装束に用いられてついに能装束の名称となりました。しかし現代でも純粋に織物名として、その特色ある織技による〈唐織の帯〉などの制作がしばしば行われています。このように〈唐織〉には二つの意味があるのです。

また、〈二重織物〉は有職織物の一種で、平安時代以来、袿（うちぎ）や唐衣（からぎぬ）など公家女性の装束にその伝統がうかがえます。このようにこの二種の織物は全く異なる環境で存在しますが、織の技術では基本的に同種としてもよろしいでしょう。それは次の点によります。一枚の織物は経糸（たていと）と緯糸（よこいと）で織り上げますが、この二種は基本となる経糸（地経（じだて）とも呼ぶ）、緯糸（地緯（じぬき）とも）の他に文様をあらわすだけの緯糸（絵緯（えぬき））が加わります。一般に地経、地緯は綾織りで、しっかりと無文の地を織り、絵緯による文様部分は効果を目指して表面に厚く浮くように工夫されます。能装束の唐織の十数色を超える多色に金銀糸で細やかな文様が織りあらわされる場合、絵緯の用意、機場（はたば）の技術の大へんさが想像いただけるでしょう。二重織物はそれほどではありませんが、しかし共に織物でしかあらわせないきわめて重厚緻密、華麗な品格を尊重する深みある世界を特色とするといわなければなりません。

さらに二重織物は、その名称の由来でもある文様が二重になっていることをあげなければなりません。つまり地文を織り、その上に唐織のように厚みのある上文様（うわもんよう）を織り重ねるのです。

その伝統ある唐織と二重織物のすばらしい特色を損じることなく現代に活かそうとするのが、永井織物の永治屋清左衛門さんのこころみです。

今〈きもの〉を〈芸術〉と考えて述べています。〈芸術〉こそは伝統を自覚尊重しつつそれぞれの時代の〈最新・最先端〉の存在です。それでこそ、近世の能装束や小袖類が、数百年もへだたった現代の人々を大いに感動魅了するのです。したがって、このたびの重厚な織物美をあえて〈きもの〉に生かそうとするこころみでも、現代をどのように感じ、とらえ、表現するかが先にあげた三つの視点のいずれにも最重要となります。その成果として生まれたこの〈きもの〉は今、江戸時代の能装束や小袖などが魅了し尽くすように何百年も後の人々を感動させるでしょう。清左衛門のこころみの成功をこころから楽しみにしています。

能楽金剛流宗家所蔵
蝶松藤文縫箔能装束
を唐織で復元

大胆に構成された老松、枝に絡む藤花、ともに延命長寿を祈願する松藤の意匠。『源氏物語』の初音の巻を表した江戸時代の作とされる縫箔を唐織で復元。制作／七代永治屋清左衛門

唐織

〈唐織の由来〉

「唐織」とは、もともと唐の国（中国・唐時代）から渡来した織物の総称でした。室町時代になると、能装束における特定の織技法を「唐織」と呼ぶようになり、この織技法が現在の「唐織」です。おそらく、平安時代に宮中の十二単の表着のスタイルとして発展した、有職織物の浮文の綾を唐織と呼んだことに由来があると思われます。

〈唐織の組織〉

生地の構造は三枚綾組織で、緯糸二越(ふたこし)に紋織の柄を織り表し、紋様に応じて必要な色を縫い取るように織り込みます。縫い分けするため、杼(ひ)の数は紋様の色数以上に必要で、20本ほどの杼と紋図絵を参照しながら織り進みます。

〈小袖の流行と唐織〉

桃山時代、武家の女性や裕福な町衆などの旺盛な需要を背景に小袖が流行すると、紋様の精緻化、経(たて)の締切(しめきり)技法、浮織り部分の綴じ込み、金銀箔糸の使用など、唐織は小袖の織技法の主流となり、制作技法もさまざまに発展することになります。

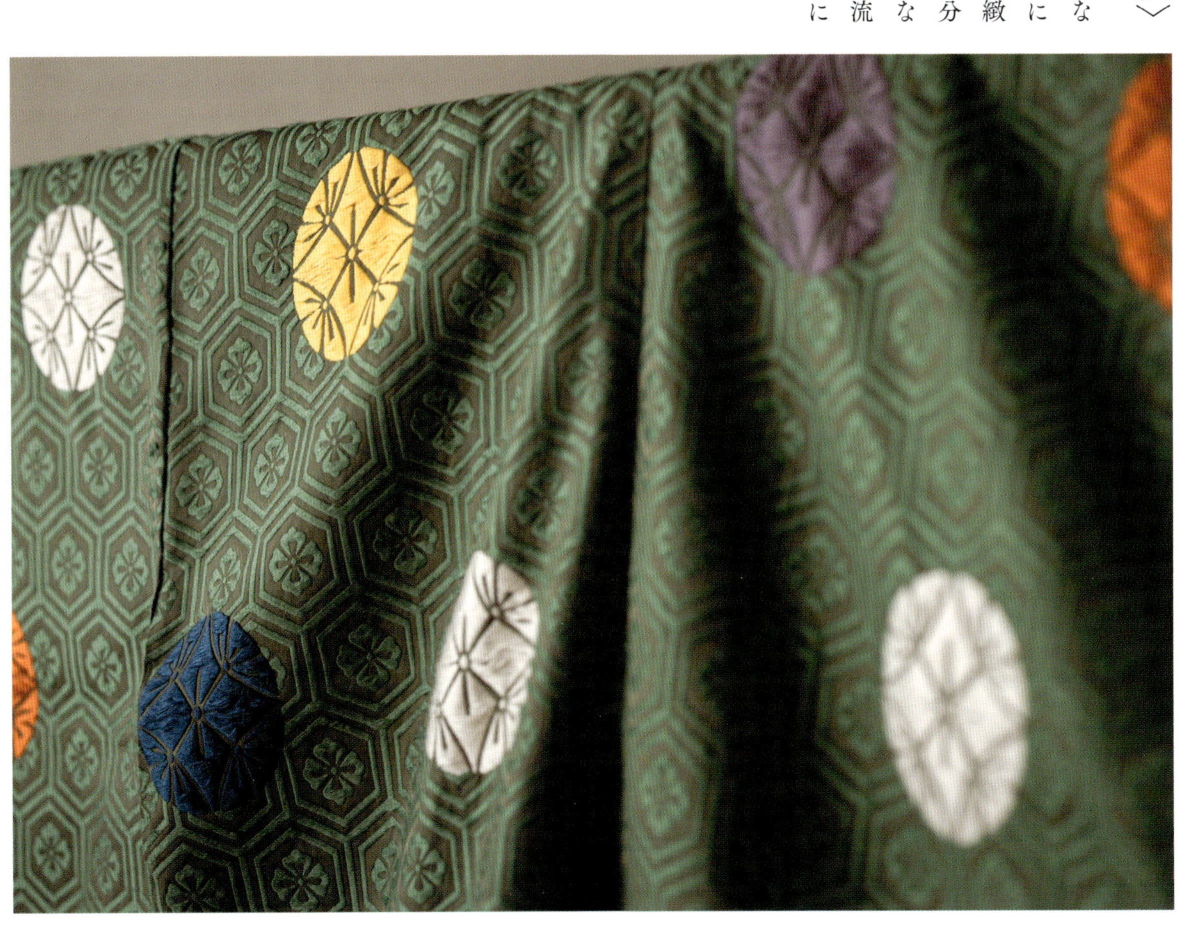

〈清左衛門と唐織〉

京都国立博物館で古典衣装を研究されていた切畑 健氏と共同で桃山期の小袖の研究と復元制作を行った経験を元に、平安末期の表着は飛び紋様の「柄を合わせて」織られていることに着目し（きものの絵羽に通ずる）、地組織は二重織物で、唐織による浮織（縫取り）技法を用いた絵羽模様の訪問着を制作しました。これには紋紙データが10万枚を超える膨大な量の柄情報となり、グラフィック専用のコンピュータで、ソフトそのものも開発するに至りました。他社がやらないことにあえて挑戦してきたことが、清左衛門ブランドのオリジナリティになったと思います。

二重織物

綸子(りんず)あるいは結城紬(ゆうきつむぎ)といった通常の織物は一重織物、つまり平織りです。二重織物は、地糸（上側）、絵緯糸(えぬき)（下側）と二重になって織られ、織物組織の下側の糸が地糸の上側に出てくる部分が絵柄として織り上がります。永治屋清左衛門は織り上がったきものをもう一度練るという工程を加えることで、御召とは異なるしなやかな織物に仕上げているのが特徴です。

〈厳島雪持笹鳳凰文〉

七代永治屋清左衛門が復元研究に携わった能装束〈紅地鳳凰桜雪持笹文唐織〉に取材したもの。桃山時代の唐織としての特色が強い能装束で、厳島神社に伝えられている重要文化財。その豪華な文様を唐織の帯に写したり、二重織で地紋のようにしたり、段暈しにしたり、織の技でさまざまに表現し、現代的に纏う柄へと昇華させている。

〈鼓に瀧文〉

七代永治屋清左衛門がコレクションする江戸中期の小袖に取材した紋様。滝壺に落ちる水の音が周囲の岩に反響して鼓を打つ音に聞こえることから、鼓ヶ滝と呼ばれるようになった有馬の名所。その滝の流れを、満開の桜で彩って、春爛漫の清々しい風景を表現したもの。風格と文芸的な叙情をたたえた御所解模様となっている。

〈慶長菱丸桐文〉

七代永治屋清左衛門は、所有する慶長小袖の裂「菱丸桐文」から小袖を復元制作。その小袖を元にしたデザイン。幸菱で埋め尽くしたの地紋の中に五三の桐が丸文となって咲く。

〈寛文瀧波文〉

絞りと縫箔の染色技法が特長の寛文年間の振袖に取材したもの。その時代に流行した鹿の子絞り柄を織表現で表して滝の流れをつくり、吉野桜と唐草で埋め尽くした、迫力の意匠。

屋宗達筆

〈桃山三優文〉

通説では織田信長の妹とされるお市の方。その娘たち、浅井三姉妹にオーマージュした意匠。桐紋は豊臣家に嫁いだ茶々、京極家の四つ目結紋はお初、徳川家の葵紋はお江。霞取りの配置は桃山小袖を彷彿とさせ、締切のデザインで能装束を思わせるなど、さまざまな表現で制作。

〈正倉院段文〉

三重襷や桐立涌など、正倉院縁の五種の文様を横段文として、二重織と唐織を組み合わせて織り出したもの。ひとつひとつの柄がそれぞれに持つ圧倒的な重厚感を、配置と配色の妙によって、きものとして見事にまとめ上げた、オーケストラが奏でる交響曲のような作品。

〈さやかの笹〉

京都・嵯峨野の笹の清けし様を墨象として描いた七代永治屋清左衛門の下絵を元に、絵の師匠が仕上げた、師弟合作のデザイン。清左衛門の世界観を代表する意匠のひとつ。風に揺れてさわさわと音をたてる嵯峨野の竹林にいるような風情は、日本画のそれを思わせる。地組織にも銀糸を使用し、銀糸で唐織を施した本品は、都会的なモダンさに溢れている。

〈砂子(すなご)に銀稜文〉

オリジナルの銀糸を使用し、唐織の技法でなめらかな曲線を表現するという難しい織に挑戦したもの。地組織は古代日本の装飾経（豪華な装飾を凝らした写経）である平家納経の料紙の金の砂子のたたきをイメージした二重織。現代的な装いを追求したシンプルな訪問着。

〈唐花更紗〉

二重織で描く更紗模様。織技法を駆使した微妙な濃淡が静かなリズムを生む。軽快な柄を、訪問着づけに配置することでランクアップして、イブニングドレス感覚に仕上げているところが清左衛門流。

〈羊歯（しだ）模様〉

羊歯の葉が、光や風を受けて透けたり陰になったり重なったりする、自然の中の様子を絵画的に表現。着ると、動く度に陰影と色彩が変化する、二重織ならではの不思議な視覚効果を狙ったもの。

〈若松秋草花文〉

戦国武将・細川忠興の妻である明智珠（明智光秀の三女、のちに細川ガラシャと呼ばれる）の小袖に取材したもの。その小袖は、豊臣家から拝領したものと伝えられている。若松と小菊、萩、桔梗といった秋草が競演する。（p.2-3は同じデザインの唐織のきもの）。

〈ロイヤルチューリップ文〉

ウィリアム・モリスに取材したロイヤルチューリップの意匠を、糸の色づかいで微妙なグラデーションになるように織り出したもの。着たときの大胆な曲線が美しい。この曲線を織で表している技術力に注目したい。

七代永治屋
清左衛門の
こだわり

絵羽

至高の絹織物
「唐織」を絵羽で描く

平安時代の袿（うちき）や十二単など公家装束をルーツに、桃山時代の絢爛豪華な能装束として受け継がれてきた唐織の技術は、寛文年間に「絵羽」という発想で、よりダイナミックな創作へと発展します。まるで絵画のような寛文小袖の数々は、まさに着る芸術を物語ります。

絵羽は、生地を大きなキャンバスに見立てて絵を描くように意匠を配すことで、自由で大胆な表現を可能にし、これは西洋のドレスときものとの決定的な違いともなっています。小袖のコレクションや復元研究に学ぶうち「きもの表現の真髄は絵羽にあり」という考えに至り、四百柄以上の作品を絵羽で制作、他社にない世界観を生む礎となっています。

総唐織本振袖
〈寛文小袖写　華の瀧波文〉

寛文小袖に取材した重厚な振袖。地は二重織で、菊、桔梗、桜といった四季の花が唐織で立体的に織り出され、滝の流れを構成している。

糸

七代永治屋
清左衛門の
こだわり

永治屋の歴史は、約２３０年前の江戸後期に生糸問屋として丹後に創業したことに始まります。その後丹後縮緬をはじめとする白生地メーカーとして発展した歴史をもち、現七代目によって、先染めの縮緬、唐織のきものといった独自の作風を追求したブランドを展開するに至ります。

特に知っていただきたいのは「清左衛門クオリティ」と呼ばれる最高級の糸へのこだわりです。ブラタク社の6Aランクという、世界的高級メゾンも採用する最も高い等級の生糸を使用しているだけでなく、蚕が吐き出す、最初と最後の太さも質も不安定な部分を取り除く「集定走糸」という工程を設けて非常に均質なものにし、さらに糸の撚りかけをコントロールするための機械を自社で開発して、唯一無二のオリジナル糸へと仕上げています。また、金銀糸についても通常はレーヨンを芯糸にして銀糸を撚り合わせるところ、芯糸もブラタク社の絹糸を使用し、極薄のフィルムでコーティングした純銀箔を撚り合わせた銀糸をつくり、金糸にも24金を使用するなど、織物メーカーとして地組織の研究を続ける清左衛門ならではの独自性を確立しています。最近は博物館から依頼を受けて復元品の制作を手掛けることも多いため、甲府のアシザワ養蚕に特注した「小石丸」の生繭を長野県岡谷の宮坂製糸所に、座繰り糸として製糸を発注しています。

清左衛門が目指す麗しい織物は、真珠のように高貴な光を放つオリジナルの糸からはじまるのです。

七代永治屋清左衛門のこだわり

京都・西陣では、左ページの写真のような糸の色見本によって色味を共有しています。伝統的には「勘染め」と言って、職人の勘に頼ることが多い糸染めの世界。清左衛門はこの色見本を測色して数値化、データで管理し、さらに独自の色を追加。現在その色数データは２０００以上になりました。この、色の管理方法によって〝織りでグラデーションを表現〟することも叶えるなど、独特の色彩世界を生み出しています。

七代永治屋
清左衛門の
こだわり

紋様

七代永治屋清左衛門は幼い頃から京都の日本画家二人に師事して絵を学びました。新しいデザインを考えるとき、たびたび立ち返るのが、大事に保管している数百を超える原画です。先代から永井織物のデザインを担ってきた絵師が水彩で描いたもの。師である画家の作品もあり、大切な財産、宝物です。ブランド全般にただよう絵画的な表現や墨象的な風情は、デザインの根底にある京都画壇の影響によるものかもしれません。

Chapter

2

ムガシルクと紬(つむぎ)

ムガシルク

ムガシルク（Muga Silk）とは、インドのアッサム地方に生息する野生の蚕（野蚕）から紡いだ糸のこと。野蚕糸。蚕は、豪雪地帯の農家の屋根裏で飼われ、冬の間の産業であったことが知られるように、家蚕がほとんどで、ご存じのように桑の葉を食べて育ちます。野蚕は、ホオノキや木蓮の葉を食べて成長するため、黄金色の繭となり、ゴールデンムガとも呼ばれます。黄金色の繭が取れるのは年間わずかな期間となり、非常に貴重で高価な絹です。シルクは水分を含ませると輝きや質感が劣化することがありますが、ムガシルクは、ゴールドの輝きが褪せることがありません。多孔質のため温度調節の機能に優れており、大変軽量で、さらに紫外線を遮る効果も高いとして、インドではサリーに使われてきました。

しかし、ムガシルクできものを織るのは大変困難な作業です。糸が均一でないため切れやすく、糸繰りから整経、織り、各段階で常に細かい、地道な作業が必要で、数ヶ月の制作期間を要します。非常に細い絹糸のため1キログラムを得るためには約5000個の繭が必要とされ、手間もコストもかかる織物といえます。

清左衛門は経緯糸とともにムガシルクという総ムガシルクのきものはもちろん、唐織で加飾したり、ブラタク社の絹糸と組み合わせたり、また、帯にしたり、さまざまな表現で唯一無二のムガシルク作品を制作しています。

ムガシルクと紬

「秋草模様ムガシルク訪問着」

東京国立博物館で特別展「きもの KIMONO」(2020年)が開催された際、尾形光琳の直筆とされる小袖「白綾地秋草模様」、通称“冬木小袖”のレプリカ制作にも携わり、白生地を提供した。冬木小袖は琳派調の桔梗や菊、萩の花叢、芒野を直接筆で描いたものであるが、本品はそれを経緯ともにムガシルクの糸を使用して織で表現した訪問着。秋草部分には唐織技法も使われている。

「化野(あだしの)笹文ムガシルク訪問着」

京都の嵯峨野の奥にある小倉山の麓の野、化野の竹林風景から想起した清左衛門らしいデザイン。すっと伸びる竹の稈(かん)部分は絹糸を入れて織で描き、枝葉の緑も絹糸の唐織。ゴールデンムガとも呼ばれる黄金色の糸の輝きが、光を受けて揺らめき、竹林を爽やかな風ごと写したような風情を生む。

紬

紬糸は、真綿糸のふんわりとした温かい風合いが大事です。永治屋清左衛門にとって紬のきものの制作はいわば後発事業でしたので、ほかではつくれない物をと考え、極細真綿糸を開発しました。中国山東省の製糸工場に、5匁（約170デニール）という単位が通常のところ、3匁（約100デニール）という極細の紬糸を特別注文しています。なぜ細くしたかったかと言うと、ネップ（糸の繊維が絡んでできる不規則な節のこと）の出方を均一にしたかったからです。必然的に繭を丁寧に太さ（厚さ）を揃えながら広げていかなければなりません。その手間をかけてもらうことで、味わいはそのままに、軽くて着やすい紬をつくることができました。

また、清左衛門の紬の特徴のひとつに、地組織で柄を表現していることが挙げられます。もともとはムガシルクのために開発した機を使っているのですが、経錦と緯錦を混在させることで、水墨画のような濃淡の表現もできるようになっています。

紬糸で紋様を織り出す「御召紬」

強燃糸（御召緯）を基本に、20〜30%紬糸を織り交ぜることで地模様がレリーフのように浮き立ってくる、織の効果を狙った清左衛門ならではの御召紬。単色で柄を織り出している引き算の表現が、従来のきもののカテゴリーの枠を超えた、現代的な“ワンピースきもの”へと洗練させている。

絹糸と真綿糸の競演「真綿紬（まわた）」

経糸にブラタク社の高級糸、緯糸に真綿紬糸を使用した真綿紬。真綿糸の本数を調整することで、ほどよいあたたかみのある生地感に。モノトーンのアラベスク模様のデザインで、都会的な新しい紬の世界を提案したもの。

「石榴(ざくろ)紋様経緯真綿の紋織横段紬」

都会的な紬の表現を求めて機自体をつくり替えて織った経緯真綿の紬地。仕立て方によっては熨斗目(のしめ)にもできる横段で、暈しも緯糸で表現している。地模様はリヨン織物博物館所蔵の石榴の柄の古布を題材にデザイン。帯はオリエンタルラグの柄を経緯真綿で織ったもの。紬特有の優しくあたたかい着心地をそのままに、ヨーロッパの薫りをブレンドして、紬オン紬でもドレッシーに着られる独自の風合いを実現している。

経糸で紋様を描く「経錦真綿紬」

手紡ぎ糸を経糸に用い、非常に複雑な織りつけ装置によって、経糸組織でペイズリー紋様を織り出したもの。紬の風合いを残しつつ、御召のようにすっきりとした着心地を実現。新感覚の色無地として提案。

「経緯真綿紬地ジョセフィーヌローブ紋様」

60ページと同様、オリジナルの機で織られた経緯真綿の紬織。糸の撚りを太くして地模様の立体感を強調しているのが特徴で、紬らしいざっくりとした風合いが楽しめる。モチーフはナポレオンの戴冠式の絵の中で皇妃ジョゼフィーヌが羽織っているローブの柄。個性的な帯は60ページのきものの地模様である石榴柄を、唐織技法で織り出したもの。

新しいこころみハイブリッド「リネン紬」

経糸は紬糸とブラタク社の絹糸を使用し、緯糸には砧(きぬた)打ちして柔らかくしたリネン（麻）糸を用いた交織。単衣きものにしてもよし、長羽織にしてもよい、新しい感覚の着心地が味わえる。涼しさのある“ハンサム紬”。

Chapter

3

紋紗（もんしゃ）とうすもの

紋紗

紋紗とは、紗や絽の地組織に、絡み織で紋様を織り出した薄手の織物です。単衣の時季が長くなってきたこともあり、最近非常に人気のうすものです。紋紗は釜ものと言って、繰り返し柄が一般的ですが、紋紗の訪問着をつくりたかったので、一年かけてひと釜の機拵（はたごしら）えに取り組みました。フリヘ（開口部のこと）装置による斜め織りのため緯糸がスリップせずに、紋様になって織り出されます。と、こうして文章にしても織物組織の説明はちょっとわかりにくいと思いますが、百聞は一見にしかずと申します。永治屋清左衛門らしい紋紗に唐織の組み合わせを一度ご覧になっていただければと思います。

左／絽の地織りに、リヨン織物博物館に取材した模様を唐織技法で織り出した紋紗袋帯。
下／紗組織の織り分けでジョゼフィーヌのローブ柄の紋様が透ける紋紗の着尺。

きもの、帯、羽織を紋紗で。軽やかな単衣

全面に配した松の葉模様の裾、肩、袖に銀箔糸を織り込むことでリズムをつけた紋紗の訪問着。帯は江戸中期の名物裂に取材した菊と燕子花に蝶の模様の紋紗地の唐織。葡萄模様が透ける段暈しの羽織で、紋紗オン紋紗の装い。主張しすぎない地模様、軽い着心地の紋紗の羽織は人気の新ジャンル。

色無地感覚で上品に装う紋紗

生い茂る葡萄の葉に躍動感を与える伸びやかな蔓が透け、爽やかな色合いが見る人に涼やかに映る紋紗の訪問着。桃山時代の常高院小袖に取材した紋紗地の唐織帯を合わせ、上品な社交着へとまとめあげたコーディネート。

地組織に絵緯糸（えぬき）を用いた紋紗

肩と裾に一段濃い色の糸を配して変化をつけた淡い段暈しの紋紗。リヨン織物博物館の所蔵品から着想したペイズリー模様を織り出す地組織に、絵緯糸を用いることで、薄手ながらしっかりとした風合いに。帯も紋紗地。

ハンサムな羽織スタイルの紋紗

鈍色から裾に向かって臙脂色の暈しに見えるように糸を配した、紋紗の羽織。斜め格子が透けるユニセックスなデザインが秀逸。きものも同様に、糸による横段の暈しの表現で、きもの・帯ともに笹模様の取り合わせ。

Chapter

4

唐織の帯

「松皮菱花文」

松、梅、桜、菊を松皮菱取りに配した唐織袋帯。配色によって趣を変え、振袖にも、付け下げ、訪問着、色留袖の帯としても愛用されているロングセラー。

「蝶に躑躅垣根文」

重厚感のある黒地に金の垣根柄が、躑躅と蝶という春のモチーフで、若々しく。
江戸後期の小袖にあった紋様を図案化したもので、色無地にも映える袋帯。

「老松春秋文」

老松に桜の組み合わせは、桃山時代の染織品の作例によく見られる意匠。青紅葉と赤紅葉を配し、春秋文とした絽地の唐織袋帯。

「寛文瀧波文」

寛文年間の小袖に取材し、その時代に流行した鹿の子絞りを紋様にして滝の流れをつくり、吉野桜と唐草で埋め尽くした迫力の逸品。同じ柄を繰り返して織る回転紋（かいてんもん）ではなく、袋帯の総丈すべての柄が異なる総図柄で織り上げた贅沢な帯。

「締切秋草文」

桃山時代の小袖に見られる締切絣技法のように、経糸を駆使して絣足まで表現した袋帯。桐、四つ目菱、葵はそれぞれ浅井三姉妹の家紋から。

「鼓に瀧文」

能楽『鼓の滝』に取材した寛文年間の小袖の紋様から図案化したもの。鼓の中の桜と疋田、飛沫の表現が秀逸で、雅やかな雰囲気をたたえている。

「光琳八橋図」

尾形光琳の傑作のひとつと言われる国宝の硯箱を意匠化した、燕子花と八橋(やつはし)の袋帯。純金箔、燻銀箔(いぶしぎんぱく)、白螺鈿箔(しろらでんはく)といった箔糸をふんだんに使用して、硯箱に施された蒔絵の雰囲気をよく再現している。

「慶長菱丸桐文」

慶長小袖の裂「菱丸桐文」からデザインした、幸菱と五三の桐。22〜23ページのきものと同じ柄だが、唐織の袋帯になるとさらに重厚感が増す。

Chapter

5

小袖コレクションと復元制作

「小袖」の歴史に見る「きもの」の魅力

文＝小山弓弦葉（東京国立博物館学芸研究部 工芸室長）

私たちが日本の伝統衣装としてまとう「きもの」は、もともと「小袖」と称されていました。「小袖」が着られるようになったのは平安時代頃と考えられますが、宮廷や武家の高い階級の人々が着用した「小袖」は束帯や十二単（唐衣裳）の下に着る無地の「下着」でした。室町時代後期頃になると、庶民から身分の高い武家や公家に至るまで、広い階層の人々の表着として「小袖」を着るようになり、美しい模様で彩られるようになりました。

室町時代の小袖はほとんど遺っていませんが、安土桃山時代以降には伝世品があり、また、当時描かれた肖像画などから歴史を振り返ることができます。京都・高台寺には豊臣秀吉の正室・高台院（ねね）所用と伝わる刺繡と金銀の摺箔で装飾された豪華な縫箔の小袖が伝わっています。高台院が着用した唐織の小袖から仕立て直したと伝わる打敷もあり、草花や吉祥を表わした刺繡や金箔、唐織など、美しい小袖を身にまとっていたことが想像されます。

江戸時代初期には細かい鹿の子絞りと刺繡で埋め尽くされた「地無」と呼ばれる小袖が晴れ着として流行しました。ところが万治年間（一六五八〜六一）から寛文年間（一六六一〜七三）にかけて小袖の模様はガラリと変わりました。小袖を大きく覆うような絵画的で大胆なデザインとなり、着ても美しく、飾っても美しいと、花見の際には小袖を幕のように飾りました。都の町の女性たちも四季折々の花や、鳥や兎などの愛らしい生き物、壺や茶道具や額や色紙短冊など、洒落た風物を模様に表し、だれが個性的な小袖を着ているかと競い合ったのでした。

町人たちがあまりに小袖に贅沢をすることから、ついに幕府から刺繡や惣鹿の子絞りの小袖を着てはいけない、という禁令が出されました。そこで、町人の間で新たに流行するようになったのが友禅染でした。当時の流行ぶりは「上は日の目も知らぬ奥方、下は泥ふむ女の童にいたるまでこの風流になれり」という『友禪ひいなかた』（貞享五年〈一六八八〉刊）の言葉からもうかがえるでしょう。友禅染のように、鮮やかな色彩でまるで絵画のような模様を小袖に自由に描き染めることができる染色技法は、他の国々には見られません。

江戸時代後期になりますと、華やかな総模様の小袖は流行らなくなり、その代わりに縞や格子、絣模様などの織物や、小紋や絞りなど染の小袖が着られるようになりました。その一方で、帯の幅が30センチばかりもある広幅の丸帯が流行し、京都・西陣ではさまざまな模様を織り出した帯が織られるようになりました。

現代の「きもの」はこのような小袖の歴史の延長にあります。日本の四季の変化やその日の気分によって、きものの模様と帯との組み合わせを変えて楽しむお洒落は、古来より変わらないきものの魅力なのでしょう。

七代永治屋清左衛門所蔵の小袖・振袖コレクションから

〈鼓に瀧文友禅小袖　江戸時代〉

〈御所解模様小袖　江戸時代〉

〈松に鶴　振袖　江戸時代〉

復元ひながた小袖事業とミニチュア制作

七代永治屋清左衛門は、切畑 健氏の指揮の下、「染技連（せんぎれん）」の一員として桃山時代〜江戸時代終期までにつくられた小袖を研究し復元するというプロジェクトに携わってきました。染技連は、京都の手描友禅染の各分野の職人らが職域を超えて設立した研究会で、辻が花の第一人者をはじめ当時の名だたる名工たちが多数参加していました。およそ260年の間でさまざまに変遷する小袖類に注目し、友禅染や刺繡など染織における制作技術の解明、技法研究を目的として活動を開始。日本芸術文化振興会の助成を受けて、本格的な小袖制作に取り組んだり、能装束等の染織文化財の復原・修理等を手がけました。トピックスとしては2001年に米国ロサンゼルスのカウンティミュージアムで「能と小袖」展を開催したこと。数十年にわたり幅広い活動を展開していました。七代永治屋清左衛門は1988年頃より、主に生地を提供する立場として参加。唐織、辻が花、縫箔、絞り、友禅と至高の技術を費やし、30年の月日をかけて行われた緻密な2分の1スケールでの小袖の制作の一翼を担いました。

それらの小袖を元にアートとして制作されたのが43体のミニ小袖コレクションで、染技連解散の後、永井織物所蔵となっています。

紅地桜に雪持笹鳳凰
文唐織能装束【桃山時代】
制作：永井織物

厳島神社の蔵品である紅地の能装束で、八重桜と雪持笹、羽を広げた鳳凰が唐織技法にて多色に織り出され、文様の取り方等から、桃山時代の特徴をそなえている。オリジナルの小袖は、柄を刺繡技法にして袖幅を接ぎ足してあり、能装束としての体裁を整えている。

華の瀧波紋様唐織
小袖【江戸時代】
制作：永井織物

寛文小袖を代表するダイナミックな柄取りが特徴の、七代永治屋清左衛門が絵羽の基本と考える小袖。飛沫の表現をアクセントに、唐織で立体的に織り出された菊、桔梗、桜といった四季の花が滝の流れをつくる。雅やかでかつ堂々とした作風が時代感を反映する。

ミニ小袖コレクションの一部

白地戦国三友文小袖
【江戸時代】

制作：永井織物

淀殿が建立し、お江が再建した寺、京都「養源院」。寺に伝わるお江の肖像画にある、直綴（じきとつ・うすものの法衣）の中に着用している白地小袖から。織田氏の「織田木瓜」と豊臣氏の「五三の桐」、徳川氏の「三葉葵」を加え、戦国三英傑と生きたお江へのオマージュとして制作。復元した小袖は養源院に寄贈されている。

白地草花文様辻が花肩裾小袖**【桃山時代】**

制作：染技連

「辻が花」は絞り染めによる文様表現で、細線による墨描（カチン）がしばしば見られる。室町時代から桃山時代にかけて制作され、特に女性や子供のための文様表現として用いられたが、のちに武将たちも大いに着用した。これは肩と裾とに文様をあらわした女性の小袖で、袖幅が狭く、身幅の広い桃山時代特有の小袖形式を踏襲している。

立涌に桐文様唐織小袖
【桃山時代】

制作：永井織物

豊臣秀吉の正室高台院（ねね）が着用したと考えられる唐織の小袖。慶長十二年七月に高台院が高台寺へ寄付したことが記されており、小袖を打敷に仕立て直した状態で納められている。太く大きく蛇行する立涌に大ぶりの桐の文様が組み合わされている。文様を織り出した色糸は長く柔らかく浮いて文様に重厚感があり、おおらかさを醸す。

復元制作

七代永治屋清左衛門は数多くの復元制作に携わってきました。その一部を紹介します。

〈お市の方小袖〉

立涌丸に菊花文様の唐織

和歌山・高野山の内の寺院、持明院所蔵の掛け軸「浅井長政夫人像」に描かれた小袖（絵の中では腰に巻いている）を京都国立博物館の監修で、桃山時代の染織の研究を踏まえて復元。

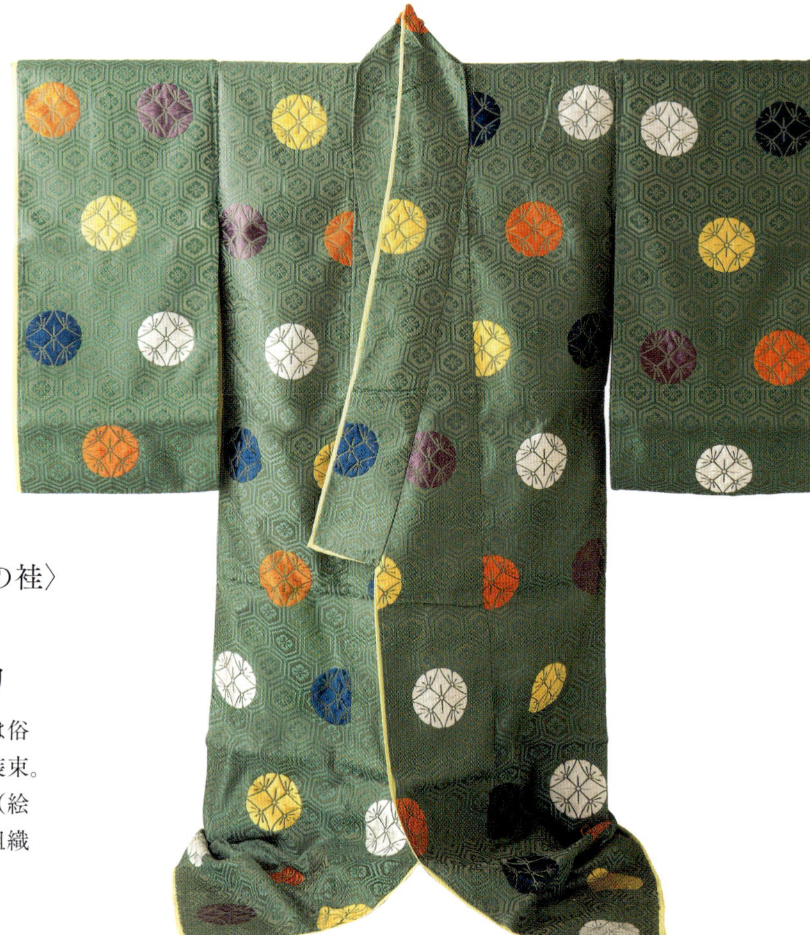

〈源氏物語絵巻「宿木」　六の君の袿〉

亀甲繋ぎに唐花丸文様の二重織物

袿は十二単の表着のこと。十二単とは俗称で、本来は「唐衣裳（からぎぬも）」と呼ばれる装束。徳川美術館所蔵の国宝『源氏物語絵（絵巻）』に取材し、再現したもの。地組織は三枚綾地、浮き織りは二重織物。

〈高台寺打敷　ねねの小袖〉

立涌に桐文様唐織小袖

京都国立博物館（当時）の河上繁樹氏の依頼で、京都・高台寺所有の打敷より復元制作。豊臣秀吉の正室、高台院（ねね）の小袖を解いて打敷の形にして受け継がれてきたものと伝えられている。当時の染色法を踏まえて草木染で制作したが、のちに反応染料でも制作。

〈お江　直綴〉

白地戦国三優文小袖

京都・養源院に伝わるお江（崇源院）の肖像画から直綴（うすものの法衣）の中に着用している白地の小袖を復元したもの。徳川秀忠正室であるお江は織田信長の妹・市と浅井長政との間に生まれた三姉妹の三女。うっすらと見て取れる織田氏の「織田木瓜」、豊臣氏の「五三の桐」、徳川の「三葉葵」を唐織で織り出し、養源院に奉納した。たいはく色の生地に光が入ると文様の陰影を際立たせ、絹の艶がいっそう引き立つ作品。

京都・常徳寺へ天井画の奉納

〈老松図〉

永井家に伝わる菊池芳文（ほうぶん）(明治・大正期の四条派の日本画家）の屏風絵から制作した訪問着と帯。

永井家の菩提寺である京都市北区の常徳寺の本殿改修工事の際に、仏殿の天井画としてこの老松図を織り、奉納しました。常徳寺はかつては知足院という大寺院でしたが、江戸時代に日蓮宗寺院として再建されました。知足院の頃には、源義朝の側室、常盤御前が源義経（牛若丸）の安産を祈願したと伝わる地蔵菩薩像「常盤地蔵」が安置されています。常盤御前が身を寄せていた寺とも伝えられています（観光寺院ではないため一般公開はしていません）。

英国の老舗鞄ブランドとの
限定品の制作

グローブトロッター
×
永治屋清左衛門
The Tale of GENJIシリーズ

家庭画報特選『きものSalon』誌40周年記念企画で、英国王室の愛用品として知られるグローブトロッター社とコラボレーションした特別限定品を発表。40個限定で販売されました。インナーに、亀甲繋ぎに唐花丸文様を織り上げた絹織物を採用。これは永井織物が復元制作した徳川美術館所蔵の源氏物語絵巻第四十九帖「宿木」の唐衣裳（十二単）をオマージュしたもの。『源氏物語』は英国でも約100年前に翻訳出版されて以来のロングセラーで、よく知られた日本文学であることから、話題になりました。ボディカラーは生糸の柔らかな白さを想起させるパールホワイト、コーナーパーツに上品なスティールグレーを組み合わせた、典雅なシリーズは、英国で即完売。プレミアムなコラボ商品となりました。

茶室

七代永治屋
清左衛門の
美意識

掛け軸は尾形光琳作の六歌仙図。花入は樂十一代慶入作。

天井板は黒部赤杉のへぎ板。千宗旦の書「晴天白日」を茶室の扁額に写して。

小間と広間のよさを融合した、工夫された造りの茶室。
そこかしこに名工の洗練の極みが見てとれる。

わたしは常々、きものの美意識は茶の湯の美意識に通じると考えています。よい茶道具があると聞けば見に出かけ、仕事の傍らの息抜きといえば美術カタログを見ることだったりします。気がついてみるとたくさんの茶道具をコレクションしていました。そこで、古いビルではありますが社屋の3階を改装して、茶室をつくることにしたのが2022年のこと。京都の名工に依頼して、表千家の広間を建築の手本とし、黒部赤杉のへぎ板を編んだ天井や鎬（しのぎ）を入れた柱など、細部にこだわりを込めた八畳の美しい茶室ができました。ときどきお客さまを招いて茶会の真似事などをしています。社屋の中にこういった異空間があるのもなかなかに面白いものです。

大ぶりの水指は樂家三代道入（通称のんこう）作。

本阿弥光悦作の赤樂茶碗。表千家七代如心斎による銘は「ほととぎす」。

茶釜は千利休の釜師・辻与次郎作と伝わるもの。炉縁は羊歯模様の蒔絵。

濱田庄司作の花器に白椿が映えて。

Chapter

6

清左衛門の秘密

永治屋清左衛門のものづくり7つの秘密

永治屋 清左衛門

その1 最高の原料を求めて

永井織物は元々、生糸問屋でした。「織物は原糸なり」というのが家訓で、織物とは経糸と緯糸による糸の成果物だという教えを受けてきました。ゆえに、糸を見る目を養うことは永治屋清左衛門を継ぐ上で最も大事なことです。白生地のメーカーとなった昭和40年代は、国内最高とされた高知県と群馬県の製糸会社から糸を仕入れていましたが、一部にどうしても染めむらが発生してしまうという悩みがありました。繭の生産量が少ない日本では、各産地で採れた繭を集めてそこから糸を引くため、産地や時季によって特性が異なる繭が混在してしまうからです。質の違う繭から製糸することを「混繰（こんそう）」といいますが、染めむらの原因は混繰だと考えると、それを防ぐには同じ質の繭だけで糸を引く「単繰」が必要となります。そこで、日本以外の生糸に目を向けてみたところ、一番数値がよかったものがブラジルのブラタク社（前身は日本の鐘紡製糸）でした。ブラジルの高地は気温が年間を通して15度前後と安定しており、日本では年に2回しかできない繭が、年に7回もできることがわかりました。ブラジルは求めていた単繰を可能にする養蚕パラダイスだったのです。こうして徐々にブラタク社との取引が始まりました。

その2 最高の糸を追求する

昭和時代に開発された品種に、繭が小ぶりで繊度が細く（2～3デニール）、白度が最高で、伸度（柔軟性）も最高、機械化される以前の多条繰糸機に最適な品種「新小石丸」があります。繊度が細いということは、機械製糸に不向き。しかし時間をかけて丁寧に操作することで解決できると考え、自社撚糸工場を改造しました。糸の弾力を失わないように、非効率ながらゆっくりとした速度で撚糸しています。

また、ブラタク社と長年に亘り技術提携する関係にある中で、平成10年に「清左衛門クオリティ」と呼ばれるオリジナルの糸を開発したことはトピックスでした。「きもの」が存在しないブラジルに、清左衛門が目指すきものや帯の風合いを理解してもらうには時間もかかりましたが、「6Aランク」という破格のクオリティを有する特別注文の糸が生み出せたのは、ブランド価値を高める一因となりました。その製糸技法を少し説明します。

〈集定走糸〉 繭は蚕が吐く最初の部分と最後の部分は繊度が不安定のため、その部分は捨てて安定部分のみ製糸する（捨てた部分は絹の紡績糸とする）。

〈絹染色斑防止〉 透過光検査をして汚染繭を取り除くというひと手間をかける白度へのこだわり。

〈八丁撚糸〉 経糸の撚糸もブラタク社に依頼、事細かに別注仕様を指示、両者の研究タスクになっている。それだけでなく、中でも自慢なのが、八丁撚糸といって、絹糸に水をかけた状態で撚っていく方法。こうするとセリシンが水に溶け、撚った後で乾いたときに糸をコーティングする役目を果たし、自然の撚り留めができる。水を使わずに撚糸した場合は熱や蒸気で撚り留めするため、風合いが失われることがある。

その3 軽い着心地を求めて

このように細くて均質な清左衛門の絹糸ができました。蚕は生糸を吐くとき2本をセリシンでまとめて1本にしています。それが2.3デニールです。精練の際にセリシンを除去するため3割減ります。なので、1本を2本に分けるとその1本は約1デニール以下となり、超極細繊維ということになります。どのくらい細いかというと、績麻(うみお)は約300デニール、女性の髪の毛は約50デニール、ベビーカシミヤは約20デニール。つまり絹糸が50本で女性の髪の毛くらいです。1デニールは1gあたり9kmですから、どれだけ軽いかわかると思います。その繊細な糸を使用するため、全工程で糸に張力を与えないこと、糸に弾力を持たせたまま織ることが重要となります。そのために枷(かせ)の糸を繰るワインダーという準備器は木製のものを使用しています。4%~8%の伸縮性があるため、シワが寄りにくいのが特徴です。清左衛門の着尺は絹鳴りがするのもこのためです。

その4 糸染め、堅牢度の秘密

従来の糸染めは酸性染料で行います。イオン結合染色といって、絹糸は+(プラス)、染料は−(マイナス)で、pHの酸性状態で結合する=染まるわけです。しかし、絹糸の表面への染色となるため、色褪せが発生します。そこで、採用したのは反応染色技法です。反応染色は分子レベルで化学反応が起き、例えばH_2(水素原子)とO(酸素原子)が結合してH_2O(水)になるように、絹のたんぱく質分子と染料分子が反応結合して色が染色反応して染まる技法です。アルカリ性溶液で絹糸のタンパク質を反応させて、一旦開かせたところに入っていくので深部まで染まります。さらに染まった糸を洗って表面の染料の残渣(ざんさ)をきれいに取り除くことで、染料がのっているのではなく染みている状態の糸ができ上がり、鮮やかで深い色の表情となります。もちろん染色堅牢度も超強力で、特に対光堅牢性は4級~4・5級もあり、国の定めるカーテン地(化合繊維)の基準を超えるものです。また、色落ちしないため、湯の中で整理ができます。湯の中で生地はぐっと縮み、そこから幅だしをすると、水の中で整理をしたときよりも、生地の風合いが柔らかくしなやかになります。堅牢度の追求が風合いの向上にも繋がっています。この染色方法は復元品の制作にも用いています。

その5 仕上げの秘密のセリシンパウダー

前述の反応染色によって超堅牢な染色をされた糸で織られた訪問着や着尺に、精練工程の加工を施す、織物の整理工程を加えています。糸染色された絹生地を精練するという前代未聞の工程はこれまで企業秘密にしてきましたが、もうこんな手間をかけることができる企業も数少ないでしょうから、公表することにしました。

本来、絹はフィブロインというタンパク質で、その表面をセリシンというタンパク質が覆っています。このセリシンを取り除くと絹本来の光沢や質感が出るので取り除くのですが、最近の研究でセリシンにも重要な性能があることが分かっています。美白、保湿、肌の保護など、化粧品にも使われるようになりました。清左衛門では、紬以外の訪問着や着尺の生地調整の仕上げとして、高価なセリシンパウダーを入手して、その液に浸すことで、縮緬地のような柔軟なドレープ性を実現しています。この最終加工工程が他社にない特有の風合いを生んでいるのです。

その6
手機と動力織機

一般に、手機に価値があり、動力織機(しょっき)のものは価値が落ちる、と思われている方が多いようですが、一概にそうではないことを知っていただきたいので、ここで手機(てばた)と織機の話をしましょう。

　わたしは、あらゆる織物の製造工程と機械の特性を学びたい一心で、18歳になる頃には、既に動力織機を操作する織り手としての技術を身につけていました。手機については師がおらず、やっと出会えたのが35才くらいのとき。当時西陣で名を馳せていた帯のメーカー問屋「紫紘」の山口静樹氏とご縁があり、彼の紹介で山口安次郎氏の織工房の仕事をされていた北尾昭二氏が弊社の織方として入社されました。帯や復元品の装束などを手織りされておられて、その方に手機の技法をみっちり教えていただきました。不幸にも北尾氏が亡くなり、その慣れ親しんだ手織機は弊社が受け継ぐことになるのですが、この機は元々山口安次郎工房のもので、西陣織工業組合登録番号第2号（約650台中）とのラベルが貼ってあり、現在残っている中では最も古いものになります（弊社ショールームに展示、実際に織ることもできます）。

　さて、動力織機も手機も扱えると両方の利点がわかります。無地の紬などは手織りの風合いが好ましいでしょう。しかし、わたしが目指す美意識を表現するには手機では不可能なのです。訪問着ともなればヘルド（綜絖(そうこう)）が4000本を超え、これを手機でやろうとしても重すぎて開口ができません。機拵(はたごしら)えそのものが通常の3～4倍となり必然的に重くなるので、手動では無理。

つまり、手機には表現の限界があるわけです。機械織りは自動で速くたくさん織れると思われているかもしれませんが、織方がつきっきりで糸の世話をし、操作をし、一反織るのに何日もかかります。いわば動力織機を使った手織りなのです。そこを知っていただくと、手機か織機かに価値の基準があるわけではない、とご理解いただけるのではと思います。

　なお、その後山口静樹氏には八代目となる永井洋三に多々ご教授いただきました。八代目に受け継がれる未来が楽しみです。

その7
絵羽の柄合わせ

　織物は織機の幅で織っていくので、仕立てたときに絵羽になるということは、柄合わせを綿密に設計しなくてはなりません。デザインの段階での精度の高いコンピュータグラフィックの開発、機の精度を上げる新しい装置の設置など、各工程でできることはなんでも試し、工夫を重ねてきました。

　柄の合口(あいくち)の単位は約0・37ミリ。これはグラフィック処理の基準値で、実際には精練の縮み分、湯のし整理の際の不均一等が発生します。長年の技術の蓄積でそれらを克服し、現在非常に高い精度で絵羽の柄がぴったりが合います。大変腕のいい仕立て師の先生が清左衛門の絵羽の精度に驚嘆され、わざわざ弊社を訪ねて来られたほどです。

　回顧録でも後述しますが、ここまで絵羽にこだわるのは、わたしが京都のなかでも友禅のつくり手たちの中で育ち、その精神を学んでいたことが大きいと思っています。

本社ショールーム

京都・室町通にある永井織物の本社ビルの2階と3階は資料室とショールームになっており、予約制で訪れることができます。2階フロアには唐織の機が置かれていて、職人が手織りする制作風景の見学も可能です。3階では実際に商品を手に取ってみることができます。

永井織物株式会社

京都市下京区万寿寺通室町西入徳万町209
（地下鉄五条駅から徒歩3分）
Tel.075-341-0300
https://www.eigiya.com/

七代永治屋清左衛　回顧録

わたしは京都の中でも友禅染の加工産地の中心地で育ちました。京型紙の彫師、鹿の子絞り職人、京刺繍、型友禅、糸目糊師、ありとあらゆる友禅染職人に囲まれていました。5歳のとき、自宅工場が忙しくて近所の京型紙の彫師の職人の家に預けられ、借家長屋に住んでいました。博打が好きな人で、スッテンテンになるとその筋の人が借金の取り立てに来るんです。と、命の次に大事な仕事道具を慌てて隠す。その度に父が間に入るという、まあテレビドラマのような日々でした。彫師の命の次に大事な道具は20本ほどの小刀と大切な砥石。そのオヤジが、5歳の僕に型彫の極意を教え、職人の気概が注入されました。父によると、職人の仕事をずーっと目を凝らして見ているような子供だったそうです。

1955年当時の記憶としてもうひとつ鮮烈に思い出すのが、西陣の名門の産地問屋である河原織物の能舞台です。御当主が能に興じておられて、会社の玄関に見事な能舞台がありました。たしか、金剛流の謡曲師や鼓師を従えて朝から稽古三昧で、生地の納品に行く丁稚さんについて行って、舞台で稽古をしているところを見るのが楽しみでした。その後、それが原因かは知る由もありませんが、父が万全を尽した甲斐なく倒産、廃業されました。残念なことです。

小学生になると稲垣竹次郎（稲垣稔次郎の父）の直弟子だった絵師・田中勇治先生の元に通うようになりました。そこでは絵を学ぶと同時に、京都芸術大学出身の若手芸術家たちと日々喧々諤々と繰り広げられる白熱したきものデザイン論議を目の当りにする日々でした。田中先生の弟子の志水優成先生は、デザイナーとして天才的で破天荒な方で、1965年頃、カラーテレビが発売されると、たいへん高額にもかかわらず4台も購入して、ピンク・紫・青・グリーンなどそれぞれに色調整し、テレビから離れなかった光景が思い出されます。皆それぞれに至高の美意識を試みる、アルチザンの中で育ったわけです。ほかにも2～3人の名のある絵師や図案家、デザイナーなどのところに通って、特に光琳の絵筆のテクニックを学びました。幼少期に絵と絵の心を学んだことが美意識の礎となりました。

自宅は工場と事務所が一体で、住み込みの織り子さんも6名ほどいました。わたしの部屋の真下が織工場で、朝7時から始業。8台の機がありましたが、何号機が一番先に始動するかというのを機の音で聞き分けるのが朝の日課でした。

永井家の歴史をひもといてみると、初代・永井清左衛門は江戸時代の寛政年間の1797年に京都の北部、丹後地方で永井本家から独立し、永治屋清左衛門という屋号で丹後地方の丹後ちりめんに生糸を供給する生糸問屋を創業しました。やがて明治時代には生糸問屋と弊業するかたちで丹後縮緬製造業を開始、「永清ちりめん」ブランドとして名を馳せます。

六代目（私の先代）は、丹後地方の名門、峰山高校機織部を卒業して1914年京都西陣に工場を移転。1966年滋賀県高島市で高島工場の稼働が始まり、竹下利という京都の名門白生地屋に取引いただき、縫取り縮緬「寿光織」のブランドで一世を風靡しました。父は大変食通で旦那衆を地でいくような人でした。

わたしが大学を卒業して間もなく、父が倒れたために弱冠25歳（1974年）で家業を継ぎますが、最初はほんとうにありとあらゆる難題が降りかかり、大変な日々でした。そんな中、35歳くらいのときに当時京都国立博物館におられた切畑 健氏に出会い、きものが美術品であるのは「絵羽」の表現があるからだという考え方を学んだのは大きな出来事でした。たとえ、時代の流れでやがて衣服としてのきものが衰退してしまうとしても、志のある人とともに美的要素を極めることによって、きものは衣類ではなく、美術品として発展すると考えるようになりました。

切畑氏とはその後多くの復元プロジェクトでご一緒することになりますが、氏の指導のもと1995年に行ったお市の方の小袖五領の復元制作は、その後のものづくりの礎となる貴重な経験でした。そうして自社製品の永治屋清左衛門ブランドを立ち上げたのが2000年です。いまではお陰様でブランドとしても認知されるようになり、たくさんの方に着ていただくようになりました。有難いことです。

掲載商品リスト

掲載頁	商品
表紙	華の瀧波文　総唐織訪問着
P2〜3	若松秋草花文　唐織振袖
P5	四季連作　春　円山桜
P6	四季連作　夏　清滝
P7	四季連作　秋　高雄紅葉
P8	四季連作　冬　嵯峨野笹
P17	厳島雪持笹鳳凰文　二重織着尺
P18〜19	厳島雪持笹鳳凰文　二重織訪問着
P18〜19	厳島雪持笹鳳凰文　唐織袋帯
P20〜21	鼓に瀧文　唐織訪問着
P20〜21	鼓に瀧文　二重織訪問着
P20〜21	石榴文　唐織帯
P22〜23	慶長菱丸桐文　唐織訪問着
P22〜23	寛文瀧波文　唐織袋帯
P24〜25	桃山三優文　唐織訪問着
P24〜25	桃山三優文　唐織袋帯
P25	締切段網干に草花紋唐織袋帯
P26〜27	正倉院段文　訪問着
P27	雲立涌に三ッ蝶丸文　唐織袋帯
P28〜29	さやかの笹　唐織訪問着
P29	紋紗老松春秋文　唐織袋帯
P30〜31	砂子に銀稜文　唐織訪問着
P30〜31	松皮菱花文　唐織袋帯
P32〜33	唐花更紗　唐織訪問着
P33	石榴文　唐織帯
P34〜35	羊歯模様　二重織着尺
P35	古裂インド更紗写　紬帯
P36	若松秋草花文　唐織訪問着
P37	若松秋草花文　二重織訪問着
P37	蜀江錦文　撚金箔袋帯
P38〜39	ロイヤルチューリップ文　訪問着
P39	ロイヤルチューリップ文　袋帯
P40〜41	華の瀧波文　総唐織本振袖
P51	蔦花模様　経緯ムガシルク訪問着
P51	笹模様　唐織袋帯
P52〜53	秋草模様　ムガシルク訪問着
P53	光琳八橋図　唐織袋帯
P54〜55	化野笹文　ムガシルク訪問着
P55	高台院立涌文　紬箔唐織袋帯
P57	葡萄文　紬着尺
P58	インド更紗文様　御召紬
P58	蜀江錦文　撚金箔袋帯
P59	アラベスク模様　真綿紬
P59	高雄紅葉模様　唐織袋帯
P60	横段石榴模様　経緯真綿紬
P60	オリエンタルラグ模様　経緯真綿紬帯
P61	ペイズリー文　経錦真綿紬
P61	ジャワ更紗文　経錦真綿紬袋帯
P62	ジョセフィーヌローブ紋様　経緯真綿紬
P62	ムガシルク石榴文　唐織帯
P63	笹模様　リネン紬
P67	リヨン織物模様　絽地唐織袋帯
P67	ジョセフィーヌローブ紋様　紋紗着尺
P68	松の葉模様　銀箔入紋紗訪問着
P68	菊と燕子花に蝶模様　紋紗地唐織袋帯
P68	葡萄文　紋紗羽織
P69	葡萄文　紋紗訪問着
P69	常高院小袖柄　紋紗地唐織袋帯
P70	ペイズリー文　段暈し紋紗訪問着
P70	立涌更紗文　紋紗地唐織袋帯
P71	笹模様　横段暈し紋紗着尺
P71	笹模様　紋紗地唐織袋帯
P71	幾何学模様　段暈し紋紗羽織
P74	松皮菱花文　唐織袋帯
P75	蝶に躑躅垣根文　唐織袋帯
P76	老松春秋文　絽地唐織袋帯
P77	寛文瀧波文　唐織袋帯
P78	締切秋草文　唐織袋帯
P79	鼓に瀧文　唐織袋帯
P80	光琳八橋図　唐織袋帯
P81	慶長菱丸桐文　唐織袋帯

清左衛門の裂を貼ることであなただけの裂手鑑になります

〈撮影協力〉

『家庭画報特選きものSalon』掲載分

着る人

国分佐智子　春香　野々すみ花　敦子（オスカープロモーション）　大湖せしる

着付け

髙橋惠子　伊藤和子　山崎真紀

ヘアメイク

瑳峨直美（国分佐智子さん、春香さん、敦子さん、大湖せしるさん）

山本浩未（春香さん）　古谷久美子（山田かつら・野々すみ花さん）

帯揚げ

永井織物　加藤萬　渡敬

帯締め

永井織物　道明　藤岡組紐店　衿秀　ゆうび　龍工房

履物

銀座ぜん屋本店　岩佐

バッグ

p.21　ロジェ ヴィヴィエ（ロジェ・ヴィヴィエ・ジャパン）

p.27　和光

p.33　銀座ぜん屋本店

p.37　ロド（和光）

p.69　コンテス（アクリスジャパン コンテス事業部）

p.70　ロド（和光）

＜取材協力＞

養源院　常徳寺

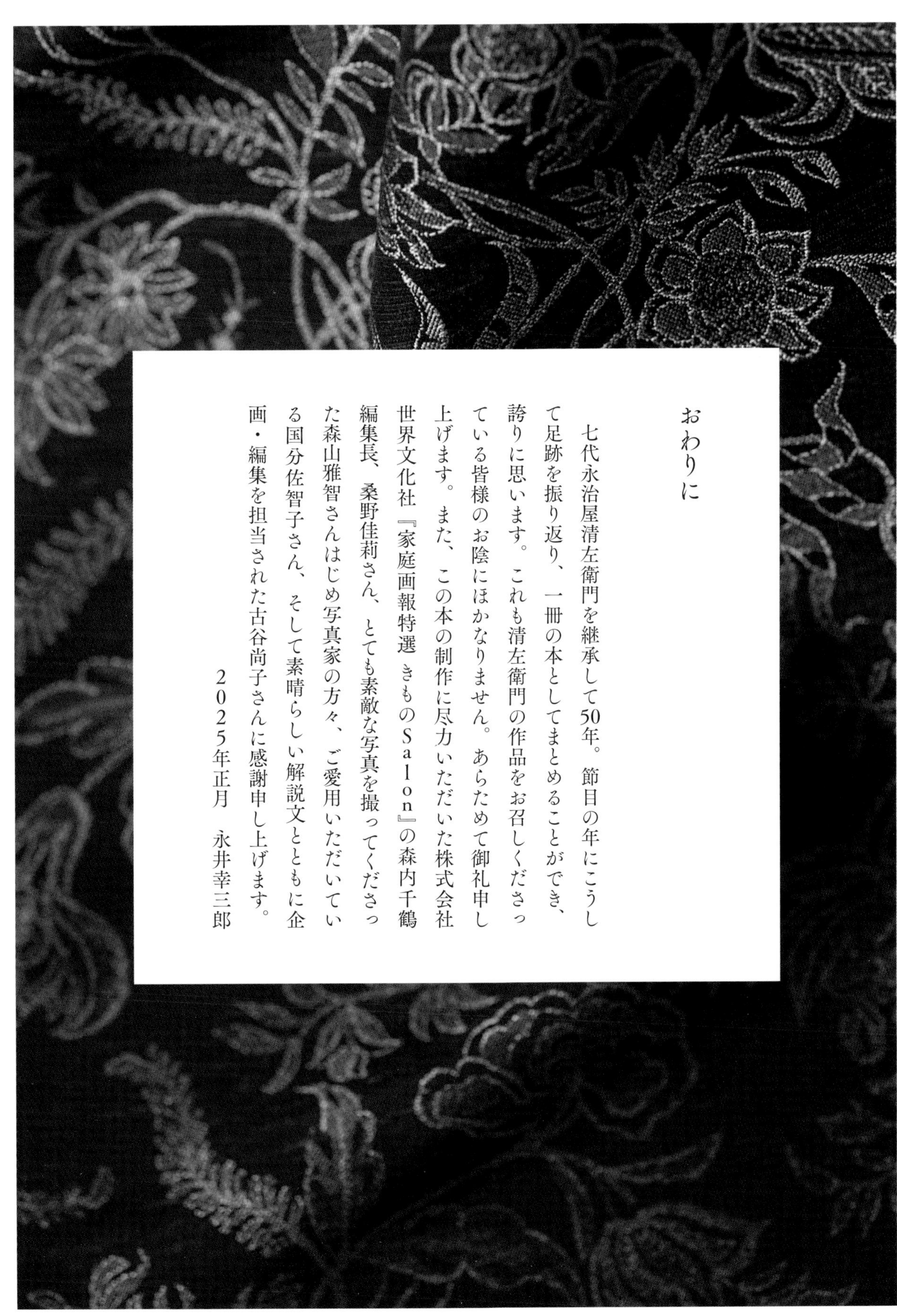

おわりに

七代永治屋清左衛門を継承して50年。節目の年にこうして足跡を振り返り、一冊の本としてまとめることができ、誇りに思います。これも清左衛門の作品をお召しくださっている皆様のお陰にほかなりません。あらためて御礼申し上げます。また、この本の制作に尽力いただいた株式会社世界文化社『家庭画報特選 きものＳａｌｏｎ』の森内千鶴編集長、桑野佳莉さん、とても素敵な写真を撮ってくださった森山雅智さんはじめ写真家の方々、ご愛用いただいている国分佐智子さん、そして素晴らしい解説文とともに企画・編集を担当された古谷尚子さんに感謝申し上げます。

２０２５年正月　永井幸三郎

ブックデザイン
吉村 亮、石井志歩（Yoshi-des.）

撮影
森山雅智

写真
鍋島徳恭、齋藤幹朗
西山 航、伏見早織（世界文化ホールディングス）

校正
株式会社円水社

編集
森内千鶴（世界文化社）

企画・編集・解説文
古谷尚子（SOLIS＆Co.）

内容は一部『家庭画報特選 きものSalon』掲載記事より抜粋。

七代永治屋清左衛門名作手鑑
芸術を着るきもの
唐織と二重織

発行日
2025年4月5日　初版第1刷発行

著者
永井幸三郎

発行者
岸 達朗

発行
株式会社世界文化社
〒102-8187　東京都千代田区九段北4-2-29
編集部　Tel.03-3262-5751
販売部　Tel.03-3262-5115

DTP製作
株式会社明昌堂

印刷
株式会社リーブルテック

製本
株式会社大観社

ISBN 978-4-418-25413-2